LETTRE

du Docteur L. Morand, de Tours, à M. le Docteur
Gendron, de Château-du-Loir, membre correspondant
de l'Académie royale de Médecine de Paris, etc., etc.

Lettre du Docteur L. MORAND, *de Tours, à* M. *le Docteur* GENDRON, *de Château-du-Loir, membre correspondant de l'Académie royale de Médecine de Paris, etc., etc.*

Parmi les lettres que j'ai reçues relativement à ma brochure, aucune ne m'a fait plus de plaisir que la vôtre. J'ai surtout été très flatté d'y lire que vous trouvez mon œuvre consciencieusement élaborée. Une pareille opinion émanée de vous, Monsieur, dont le nom est d'un grand poids dans la science, est pour moi d'un prix infini.

Vos réflexions sur la thérapeutique du croup ne pouvaient pas arriver dans un moment plus opportun. Une trachéotomie que, de nouveau, je viens de pratiquer avec succès, me fournit l'occasion d'y répondre; je la saisis avec empressement.

J'ai donc l'honneur de vous adresser l'observation de dyphthérite laryngo-trachéale (croup) qui a nécessité cette trachéotomie. J'en ai déduit des corollaires propres à appuyer vos intéressantes réflexions.

En m'apprenant les bons effets que vous avez obtenus de la Belladone chez une demoiselle affectée d'incontinence d'urine nocturne, vous m'avez procuré une grande satisfaction. A ce succès, je pourrais en ajouter plusieurs autres : par exemple, la guérison de trois jeunes garçons, d'une même famille, de l'âge de six à douze ans, atteints depuis longtemps de cette infirmité.

L'importance que j'attache à vos réflexions me fait regretter, Monsieur, de n'avoir pas vu figurer l'ophthalmie scrofuleuse parmi les divers objets de ma brochure que vous avez passés en revue. Comme la presse médicale s'en est particulièrement occupée, vous n'avez peut-être pas jugé à propos d'y revenir. Cependant je suis persuadé que la coïncidence qui existe entre cette ophthalmie et la phleg-

1846

masic nasale, n'a point échappé à votre perspicacité. Pour moi, plus je multiplie mes recherches sur cette coïncidence, et plus je reconnais l'exactitude de ce que j'ai avancé.

Je pourrais en dire autant de l'efficacité du traitement que j'emploie. Il est douloureux, il est vrai, mais il est d'une grande innocuité. Je n'ai jamais vu aucun accident en être la conséquence; il n'altère en rien le sens de l'odorat; au contraire, lorsque ce sens est affaibli, perverti, ou même momentanément aboli par l'engorgement de la pituitaire, l'action curative du caustique le rétablit, le rend à son état normal.

Chez un grand nombre de sujets que j'ai traités, les choses se sont ainsi passées. Je ne pourrais donc admettre de danger, comme quelques médecins en ont manifesté la crainte, dans la cautérisation nasale convenablement faite avec le nitrate d'argent. Cette crainte n'est point justifiée par l'expérience.

Le professeur Velpeau, le docteur Cazenave, les médecins auristes qui en font un si fréquent usage, le premier dans l'ophthalmie purulente, le second dans le coryza chronique et l'ozène, les autres, dans l'engorgement des trompes d'Eustachi, n'ont signalé aucun effet fâcheux déterminé par le traitement caustique. M. Bretonneau, qui excelle par son tact médical et la mesure de ses médications, n'hésite pas, dans le croup, à tapisser énergiquement la muqueuse pharyngienne avec une solution concentrée de nitrate d'argent. Si ce caustique avait dû produire ici des accidents graves, des praticiens aussi consciencieux se seraient empressés de l'abandonner. L'usage journalier qu'ils en font est la preuve du contraire.

Enfin les *Annales d'Oculistique,* qui s'impriment à Bruxelles, en donnant leur approbation aux idées nouvelles que j'ai émises sur la co existence de l'inflammation de la pituitaire et de la conjonctive dans l'ophthalmie scrofuleuse et à l'emploi du traitement caustique, viennent encore corroborer ces assertions. L'opinion d'un journal si compétent en pareille matière m'a paru trop importante pour la passer sous silence. Aussi, comme ces annales sont peu répandues dans notre pays, j'ai cru pouvoir me permettre de reproduire plus loin l'article qui traite de ma brochure; il semble être, d'ailleurs, le complément de mon mémoire sur l'ophthalmie scrofuleuse, celui du rapport que le savant chirurgien de la Charité en a fait à l'Académie royale de Médecine, et de ma réponse à ce rapport.

En donnant de la publicité à cet article, je n'ai d'autre intention que celle de faire ressortir la vérité. Loin de moi la pensée de m'engager dans une polémique et de répondre à certaines critiques auxquelles il est rare qu'un ouvrage, lorsqu'il paraît, ne soit pas en butte. Cependant, il me serait facile d'opposer à ces critiques le compte favorable qu'ont rendu de ma brochure plusieurs sociétés savantes, plusieurs journaux de médecine de Paris et des départements (*) et, notamment, le *Journal de Médecine et de Chirurgie pratiques*, qui, à sa *Revue bibliographique* (tome XVI, page 282), termine le rapport qu'il en fait en ces termes :

« On trouve dans l'ouvrage de M. Morand un grand nombre d'autres faits dont l'analyse offrirait un égal intérêt ; nous engageons nos confrères à en prendre connaissance. Ils tireront plus de profit de la lecture de ces mémoires , composés en province, par un praticien expérimenté, que de celle de bien des écrits qui, pour prendre naissance sur un théâtre plus élevé, ne contiennent pas de réflexions aussi sages, ni de préceptes aussi judicieux. »

Veuillez,

Monsieur et très-honorable confrère,

Agréer l'hommage de mes sentiments respectueux,

L. MORAND.

(*) Gazette médicale des Hôpitaux , Revue Médicale française et étrangère , Journal des Connaissances médico-chirurgicales , Gazette médicale de Paris, Journal de la Société de Médecine pratique de Montpellier, Gazette médicale de Montpellier, *etc.*

DIPHTHERITE *laryngo-trachéale (Croup)*. — *Trachéotomie.*
— *Guérison.*

Le mardi (3 juin 1845), je me suis transporté chez le
sieur Voyer, demeurant rue des Bordiers, à la Tranchée,
près Tours, afin de visiter son fils, jeune enfant de 8 ans,
d'une assez bonne constitution, mais affecté dans ce moment, d'un mal de gorge.

L'examen que je fis du pharynx me mit à même de
reconnaître que de larges concrétions diphthéritiques en
tapissaient la muqueuse. Il y en avait peu sur les tonsilles
qui présentaient une rougeur et une tuméfaction assez
prononcée.

La plupart des ganglions sous-maxillaires avaient acquis
un assez gros volume. On en voit rarement dans cette affection, un aussi grand nombre engorgés. Ils formaient une
espèce de collier. Il existait de la fièvre, mais elle était
modérée. Le facies n'avait encore subi aucune altération ;
il était un peu animé. La respiration n'était ni sifflante,
ni gênée. La percussion du thorax donnait une résonnance
parfaite. L'auscultation laissait entendre, seulement, sous
l'omoplate droite, quelques roncus et un peu de râle muqueux.

Aucun symptôme à mentionner du côté de l'encéphale
et des organes abdominaux.

La diphthérite maligne ou serpigineuse me paraissait
ici dans toute son intensité. Le cas était donc pressant ;
aussi je me hâtai de faire une vigoureuse cautérisation avec
une solution au quart de nitrate d'argent, que j'étendis sur
toute la muqueuse pharyngienne et sur l'épiglotte.

Le mercredi (4 juin), la cautérisation fut répétée 3 fois
dans la journée. Aucune amélioration dans l'état du pharynx.

Le jeudi (5), j'entendis, dès ma première visite, un
bruissement qui me sembla être le début du redoutable
sifflement laryngo-trachéal. A ma seconde visite (midi), ce
sifflement était tout à fait caractérisé. Le soir (8 heures), il
était très prononcé, et malgré les cautérisations pratiquées,
le mal allait toujours croissant.

Vendredi matin (6), la respiration est encore plus em-
barrassée (50 inspirations à la minute), le pouls est petit
et d'une grande fréquence (150 pulsations à la minute), les

traits sont altérés; ils expriment une anxiété extrème. La dyspnée fixe surtout mon attention, elle m'inspire les plus vives inquiétudes : elle est parfois si forte que le jeune Voyer est obligé d'allonger le cou et de porter la tête en avant pour respirer. Il est évident que les cautérisations n'arrêtent pas les progrès du mal. Le danger devient de plus en plus grand.

Je souhaite qu'une consultation ait lieu. MM. les docteurs Anglada, et Pommier, chirurgien-major, sont appelés. Le petit malade est l'objet d'une étude attentive, car, dans ce moment, la diphthérite a une marche si rapide que mes deux confrères pensent que l'existence de l'enfant ne se prolongera pas au-delà de cinq à six heures. En conséquence ils sont d'avis, ainsi que moi, qu'il y a urgence de recourir tout de suite à la trachéotomie.

Or, après avoir vaincu la résistance du père, je me mis en devoir de la pratiquer. Aussitôt le malade fût étendu sur une table convenablement disposée. L'incision de la peau fut faite sur la ligne médiane du cou, depuis le cartilage thyroïde jusqu'à la fosse naviculaire (8 à 10 centimètres). Le tissu cellulaire et la couche aponévrotique la plus superficielle furent ensuite divisés sans écoulement de sang; mais quand je voulus pénétrer plus profondément, quelques veines thyroïdiennes furent coupées et particulièrement celle située dans l'angle inférieur de la plaie. Elle donna une hémorrhagie considérable; je n'en ai jamais vu d'aussi abondante dans les opérations de ce genre que j'ai faites ou vu faire. Le sang affluant d'une manière incessante, ne me permit pas de disséquer méthodiquement les couches aponévrotiques et musculaires. Le besoin de terminer au plus vite l'opération était d'autant plus pressant que l'asphyxie paraissait imminente ; je ne m'arrêtai donc pas à une dissection toujours trop lente en pareil cas. La trachée-artère cherchée, sentie avec le doigt index fut accrochée, soulevée avec l'érigne (*), puis ponctionnée avec le bistouri. Un bruit d'air m'avertit aussitôt que l'instrument l'avait pénétrée. J'introduisis dans l'ouverture un bistouri boutonné, j'incisai les cinq premiers anneaux, enfin je posai la canule Trousseau. Si, dans le premier moment,

(*) Cet instrument a été ici d'une grande utilité.

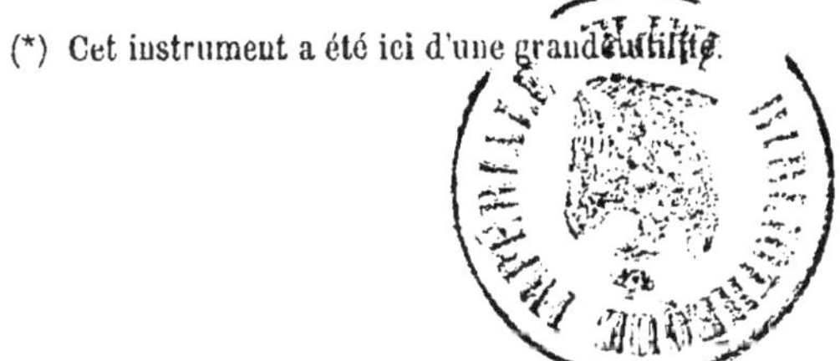

(8)

j'ai préféré cette canule, c'était uniquement pour donner à l'ouverture une forme arrondie et pour empêcher le sang d'y pénétrer. La présence de la canule dans la trachée donna lieu à des quintes de toux, d'où résulta l'expulsion du sang qui avait coulé dans les voies aériennes. Alors le malade, dont la face était cyanosée, dont la respiration ne s'effectuait qu'à de rares intervalles, en un mot, qui était près d'expirer, reprit ses sens, respira facilement, et lorsque nous le quittâmes (cinq heures du soir), mes confrères et moi, il était dans l'état le plus satisfaisant.

Je ne m'absentai que peu de temps, je revins bientôt auprès du petit opéré ; et, pour mieux être en mesure d'obvier à tout accident, je passai la nuit dans sa chambre. Cette circonstance me permit de prolonger l'usage de la canule Trousseau. L'instrument fonctionna bien jusque vers trois heures du matin, mais alors je m'aperçus qu'il commençait à s'engorger; et si, à quatre heures, je ne l'eusse enlevé, l'asphyxie aurait promptement eu lieu. Examiné avec soin, il fut trouvé plein de mucosités jaunes, épaisses et plastiques ; son obstruction presque complète avait aussi occasionné celle de la trachée qui en contenait une si grande quantité, que malgré l'extraction de la canule, la respiration resta très gênée, et qu'il fallut pour les enlever, se servir alternativement de l'écouvillon et des pinces. Elles étaient tellement adhérentes que cette manœuvre fut longue et difficile. Je fus même obligé d'introduire les instruments bien avant. Dans un moment la dypsnée fut si grande que pour mieux dégager la trachée, je portai l'écouvillon près de la bifurcation des bronches, j'agissais là avec une grande hardiesse, mais elle était justifiée, commandée même par l'état alarmant du malade. Au fait, après avoir continué cette manœuvre pendant une demi-heure, après avoir retiré beaucoup de mucosités, presque à l'état concret, la respiration de précipitée, tumultueuse qu'elle était, redevint assez calme.

La gravité de cet accident, et le souvenir des conséquences funestes qui manquèrent résulter d'un accident à peu près semblable, relaté dans l'observation de trachéotomie que j'ai inscrite en tête de mon mémoire (1) sur le croup, me déter-

(1) *Mémoires et Observations cliniques de Médecine et de Chirurgie*, par le docteur L. Morand, chap. viii, p. 129, 1844.

minèrent à cesser, un peu plus tôt que je n'en avais l'intention, l'usage de la canule, et à mettre à la place un dilatateur.

Dans cet instant, j'avais à ma disposition trois espèces de dilatateurs, je les essayai successivement et je fus bientôt à même de reconnaître que le *dilatateur à ressort et à virole* fonctionne mieux que les autres; par cette raison, je lui donnai la préférence.

Dès que j'eus substitué le dilatateur à la canule, je pus voir facilement au fond de la plaie et distinguer en haut un lambeau tubulé de fausse membrane ; je le saisis avec la pince et j'en enlevai une partie : je n'en trouvai pas en bas. Les mucosités passaient aisément entre les valves, et, quand elles étaient trop épaisses, trop desséchées, trop adhérentes aux parois de la trachée ou aux bords de l'ouverture artificielle, le père et la mère Voyer, à qui j'avais montré la manière de les extraire, s'acquittaient de ce soin avec adresse.

Ainsi, le lendemain de l'opération (septième jour du traitement, dixième de la maladie), cette adresse fut d'une heureuse ressource. Dans un moment où j'étais absent, la respiration devint si difficile qu'on pouvait d'un moment à l'autre craindre la suffocation. Un aussi grand péril était dû au desséchement des mucosités et à leur adhérence aux parois de la trachée; elles étaient particulièrement collées à l'ouverture trachéale qu'elles obstruaient.

Les parents reconnaissant l'imminence du danger, n'hésitèrent pas à porter l'écouvillon dans la trachée aussi avant que possible, et parvinrent de cette façon à la dégager. Quand j'arrivai, la respiration se faisait librement.

(Troisième jour de l'opération.) Les sécrétions bronchiques sont devenues plus abondantes et plus épaisses, la fièvre est plus prononcée.

Les roncus et le râle muqueux occupent une plus grande étendue de la partie supérieure du poumon droit que précédemment. Ces symptômes donnent une explication suffisante de l'existence, du siége d'une phlegmasie bronchique et de sa nature. Cette phlegmasie est dans cette circonstance-ci une complication fâcheuse, car la sécrétion qui en est le produit, par son abondance, son opacité est son desséchement, met souvent en danger le jeune malade, surtout lorsqu'elle est près de franchir l'ouverture trachéale artificielle. En se desséchant, elle s'attache à ses bords et intercepterait le passage de l'air, si l'on n'avait le soin de l'extraire.

Le desséchement des mucosités est certes un des inconvénients les plus graves qui surviennent après la trachéotomie. Il me semble occasionné par la chaleur que fait développer l'inflammation de la plaie, et par l'air qui se renouvelle sans cesse. Ce sont eux qui occasionnent l'agglutination de ces mucosités aux bords de la plaie et aux parois de la trachée, agglutination qui est parfois assez forte pour les empêcher de se détacher et contre laquelle les quintes de toux seraient souvent impuissantes, si l'art ne venait en aide.

Il est facile de comprendre, d'après cela, que pour prévenir ce desséchement ou ses funestes conséquences, il faille une surveillance et des soins continuels. A cet effet, on a imaginé de placer, près de la plaie, une éponge imbibée d'eau. Dans ce cas, je n'ai pas manqué d'avoir recours à ce moyen; mais, reconnaissant son insuffisance, je l'ai remplacé par le suivant : ainsi j'ai enduit la plaie et ses bords d'huile, et puis j'ai étendu sur les branches (valves) du dilatateur un large morceau de gaze que l'on humectait souvent d'eau fraîche; de sorte que l'air en passant au travers perdait de sa sécheresse, en même temps que la gaze mouillée, mise en contact avec les bords de la plaie, en tempérait la chaleur et l'inflammation. Il en résultait, que les mucosités qui arrivaient des bronches étaient moins épaisses, moins collantes et qu'elles étaient plus facilement expulsées.

Plusieurs jours se sont écoulés sans que l'affection bronchique et la fièvre aient subi des modifications notables ; pendant ce laps de temps, les concrétions croupables du pharynx, de la glotte et du larynx se sont successivement détachées. Un lambeau de ces dernières, appelé sans doute par un effort d'inspiration dans la plaie, a glissé de là dans la partie inférieure de la trachée artère : au moins un accès de suffocation survenu, lorsque tout allait bien, me l'a fait supposer. Cet accès était occasionné par la présence, dans ce lieu, d'une substance un peu desséchée, dont la forme cylindrique allongée, l'aspect

jaune, membraneux, semblaient indiquer une nature diphthéritique. Cette substance était assez grosse et assez adhé-
rente, pour exiger que son extraction se fît au moyen de
deux pinces qui allaient la saisir de proche en proche, de
sorte que la totalité fut enlevée. Sans cette précaution,
elle se serait probablement rompue, et ce qui fut resté,
eût pu être une nouvelle cause de suffocation.

Depuis lors, (15 juin), la respiration a continué à se faire
librement, jusqu'au moment où j'ai essayé à réunir les
bords de la plaie. Seulement, j'avais soin chaque matin d'ôter
les mucosités qui s'étaient accumulées près de cette dernière
pendant la nuit.

Le 20 juin, (quinzième jour de l'opération), voulant
m'assurer si le passage de l'air par la glotte était rétabli, je
bouchai, au moyen d'une éponge, l'ouverture artificielle.
La respiration s'effectua alors par les voies naturelles, assez
bien, pour m'autoriser à fermer la plaie. La réunion de ses
bords par des bandelettes agglutinatives se maintint jusqu'au lendemain sans inconvénient; mais, à cette époque, la
dyspnée devint si forte, que la femme Voyer crut devoir
détacher les bandelettes agglutinatives et rétablir l'ouverture
artificielle, d'où il sortit aussitôt beaucoup de mucosités
puriformes. La respiration devint encore libre et calme.

Cet événement m'éloigna de tenter de nouveau la réunion
immédiate; je m'attachai, au contraire, à réappliquer pendant plusieurs jours de suite le dilatateur que je laissais en
place environ une demi-heure, et cela dans l'intention de
tenir la plaie béante; car elle se fronçait de plus en plus et
se serait cicatricée rapidement, si le catarrhe pulmonaire,
en humectant ses bords par une sécrétion abondante, ne se
fût opposé à leur agglutination.

Pour mettre un terme à ce catarrhe, (30 juin), des vési-
catoires aux jambes, une médication antimoniale et un
régime approprié furent mis en usage. En peu de temps
l'expectoration diminua beaucoup et la fièvre se dissipa en-
tièrement; enfin, par la cessation de la tuméfaction des
muqueuses laryngienne et trachéale, le rétrécissement des
voies aériennes ayant disparu, le passage de l'air et des
sécrétions est devenu facile. Peu à peu, ils n'ont plus passé
par la plaie, dont la *cicatrisation s'est effectuée par les seuls
efforts de la nature.*

La cicatrisation de la plaie, par les seuls efforts de la nature, est un résultat d'autant plus digne d'intérêt, qu'un pareil fait est en opposition avec les craintes exprimées sur la non-réunion des plaies de ce genre abandonnées à elles-mêmes, par Boyer, Dupuytren, etc. Le jeune Voyer jouit présentement d'une bonne santé.

Je suis loin, Monsieur, de vouloir tirer de cette observation des conclusions absolues; mais il me semble possible d'en déduire des corollaires qui viendront à l'appui des réflexions dont vous m'avez fait part.

Pour être mieux compris, je transcris ici textuellement les deux paragraphes suivants de la lettre que vous avez bien voulu m'adresser.

« L'on peut différer avec vous d'opinion sur plusieurs points de doctrine, mais malgré cette dissidence, il est impossible de ne pas reconnaître que votre travail est l'œuvre d'un praticien éclairé et consciencieux. Les modifications que vous proposez à la partie instrumentale de la trachéotomie peuvent, sans doute, être fort utiles, mais il me serait difficile d'admettre que cette opération doit être pratiquée de bonne heure, lorsque j'ai vu plusieurs exemples de guérison dans des cas assez avancés pour les croire désespérés. Je pense que la respiration par la trachée contribue à dessécher les secrétions bronchiques et à avancer la formation des concrétions croupales.

» La thérapeutique a, je crois, à gagner, et son dernier mot pourrait être plus important que celui de la partie chirurgicale. »

La trachéotomie et les soins consécutifs qu'elle exige n'ont sans doute pas atteint leur dernier degré de perfection, malgré les progrès que lui ont fait faire M. Bretonneau, mon digne maître, le professeur Trousseau, mon ancien condisciple, et vous, Monsieur, à qui la science est redevable de travaux importants sur cette branche de l'art de guérir. Il en est de même de la thérapeutique du croup, et sous ce rapport je partage votre manière de voir. Il me suffira, pour le démontrer, de rappeler ici le passage suivant de mon mémoire sur la diphthérite (page 139) :
« Quoique la thérapeutique du croup soit bien avancée, on peut encore en appeler à l'expérience pour recueillir des renseignements précieux, etc. »

Ainsi, Monsieur, comme vous, je pense que la thérapeutique de cette affection n'a pas dit son dernier mot; mais en attendant tout ce que l'on en peut espérer, il arrivera trop souvent qu'elle sera impuissante et que la trachéotomie offrira encore la seule ancre de salut dans les cas extrêmes. Il ne faut donc rien négliger pour apporter d'heureuses modifications soit à l'opération actuelle, soit aux pansements subséquents, soit à la partie instrumentale.

Sans donner plus de développement à ma pensée, je la résumerai en disant :

1° Un autre lieu d'élection, certains changements dans le procédé opératoire, pourraient simplifier l'opération, et la rendre plus facile et plus à la portée des médecins peu habitués à la pratiquer.

2° Pour prévenir l'engouement qui survient souvent à la suite de la trachéotomie, il est nécessaire de substituer les dilatateurs aux canules qui me paraissaient le provoquer. Ce qui s'est passé chez le jeune Voyer en est une preuve de plus. J'y ai acquis la certitude des services que les dilatateurs peuvent rendre pour assurer le succès de l'opération ; car quelque bien faite qu'elle soit, le résultat pourrait encore en être fâcheux, si la plaie n'était convenablement dilatée, si l'écouvillon n'était souvent introduit dans la trachée pour en extraire les pseudo-membranes; enfin, si par des soins minutieux et une surveillance permanente, on ne cherchait à conjurer les accidents qui peuvent apparaître à chaque instant. De là souvent dépend la réussite.

3° Pour éviter ou plutôt pour ralentir la dessication de la plaie et des mucosités qui séjournent dans la trachée et même dans les grosses bronches, et qu'avec raison, Monsieur, vous regardez comme très fâcheuse, on peut employer la gaze et l'huile. Il a été facile de se convaincre, en lisant l'observation précédente, que cette dessication a été la cause des difficultés qui se sont présentées après l'opération, et qu'un inconvénient aussi grave a pu cependant être affaibli au moyen d'un morceau de gaze mouillée dont je recouvrais la plaie, et de l'huile dont j'enduisais les bords. Je suis persuadé que ces deux moyens tendent à diminuer le desséchement des mucosités, et que par conséquent celles-ci adhèrent moins aux parois de la trachée, que l'expectoration se fait plus facilement, que les accès de suffocation sont plus faibles et plus rares, en un mot que la respiration est plus libre. Enfin j'ai lieu de croire que, si déjà on a trouvé dans l'écouvillon du docteur Bretonneau et dans les dilatateurs de puissants auxiliaires, on pourra tirer un parti avantageux de la gaze et de l'huile dans des circonstances où les moindres moyens peuvent contribuer au succès d'une opération qui, souvent, sans leur concours, n'aurait pas le résultat qu'on en attend.

4° Pour ce qui est relatif à votre opinion, sur l'époque où la trachéotomie doit être pratiquée, ma réponse est toute tracée dans mon mémoire sur le croup. Depuis que je l'ai écrit, mes idées n'ont pas varié. Ainsi avant de donner les sept observations de diphthérites laryngiennes et trachéales, dont la guérison s'est effectuée par le traitement caustique, je dis : « Quels que soient les heureux résultats que l'on ait lieu d'espérer de la trachéotomie, cette opération et ses suites sont trop graves pour qu'on doive la tenter aussitôt que les voies aériennes sont envahies par les fausses membranes. Des moyens de salut existent encore dans les cautérisations, etc. »

Et plus loin, lorsque j'exprime mon avis sur l'époque et l'opportunité de la trachéotomie, j'ajoute : « Quand le traitement caustique ne réussit pas, quand le mal fait des progrès, il n'y a plus de ressource que dans la trachéotomie.

» Cette opération est donc un moyen de salut que les médecins ne doivent pas négliger; mais à quelle époque doit-elle être tentée ? ici, comme pour la kélotomie, les opinions sont partagées. Quant à moi, si j'ose émettre la mienne, je dirai qu'il serait trop hâtif d'opérer sitôt que les voies aériennes sont envahies par les fausses membranes ; qu'il faut encore cautériser souvent et fortement, que le moment de l'opération n'est arrivé que lorsqu'il n'y a plus rien à attendre des cautérisations, c'est-à-dire, lorsque les signes qui précèdent l'asphyxie commencent à paraître ; que la dispnée est considérable, et que l'aspect du malade annonce que l'existence ne peut se prolonger au-delà de six à sept heures. A cette époque, les cautérisations doivent être cessées et faire place à la trachéotomie. Alors plus de retard ; si l'on attend le dernier moment, on rend les chances bien plus douteuses ; l'hématose ne se faisant que très difficilement, la prostration étant excessive, on a beaucoup de peine à ranimer la vie près de s'éteindre. »

C'est d'après ces principes que je me suis décidé à pratiquer l'opération que je viens de rapporter. A en juger par les efforts du jeune Voyer pour appeler l'air dans ses poumons ; par la pose de son corps, de sa tête ; par l'expression de sa physionomie ; par la bouffissure de la face, la teinte bleuâtre des lèvres, en un mot, par l'accroissement rapide des signes qui précèdent l'asphyxie, cet enfant pouvait succomber dans l'espace de cinq à six heures. D'après cela, il me semble possible de conclure qu'en général, il serait trop hâtif d'opérer avant l'époque que je viens d'indiquer, mais que différer encore, ce serait, dans beaucoup de cas, compromettre les chances de l'opération.

En effet, je ne doute pas que si l'opération du jeune Voyer eût été retardée de quelques heures, l'inflammation diphthéritique faisant des progrès, la membrane croupale que, plus tard, j'ai vue flottant à l'angle supérieur de la -plaie, n'eût descendu plus bas, et que sa présence dans les tuyaux bronchiques n'eût été à elle seule une cause d'insuccès.

Pour mon compte, je pense, et c'est ici le cas de le dire, que si un des moyens les plus efficaces pour arrêter l'extension de l'inflammation diphthéritique au-delà de la plaie, consiste à en changer la nature, rien aussi n'est plus capable de produire cet effet que l'inflammation traumatique de la plaie, que le frottement, le contact permanent du dilatateur sur la muqueuse trachéale et la titillation si souvent répétée de l'écouvillon. Ce sont là évidemment des causes productrices d'inflammation bien propres à convertir une inflammation spécifique en une inflammation simple et franche, toujours préférable puisqu'elle tend essentiellement à la guérison.

Si, comme je le crois, les choses se passent ainsi, il est facile de concevoir l'importance qu'il y a à ne pas différer la trachéotomie jusqu'au dernier moment. Plusieurs médecins ont vu périr leurs malades avant qu'elle ne fut achevée, parce qu'ils n'avaient pu la commencer qu'à ce moment extrême. D'ailleurs lorsqu'une terminaison aussi fâcheuse n'a pas lieu, il survient souvent des congestions, des inflammations pulmonaires de la plus mauvaise nature, dues à l'imperfection de l'hématose.

Ainsi donc toutes les fois que l'inutilité des cautérisations est démontrée par les progrès incessants de la maladie et par les signes qui indiquent que l'existence ne pourra
se prolonger au-delà d'environ six heures, je persiste à dire
qu'il faut abandonner le traitement caustique pour avoir
recours à l'opération, et qu'en agissant ainsi on aura en sa
faveur des chances qui n'existeront plus si l'on tarde encore.

Article extrait des Annales d'Oculistique, *tome* xiv, 1re *livraison, page* 36. *(31 juillet* 1845*).*

REVUE BIBLIOGRAPHIQUE.

Mémoires et observations cliniques de médecine et de chirurgie, par L. Morand, docteur en médecine de la Faculté de Paris, président de la Société médicale d'Indre-et-Loire, médecin-adjoint de l'Hôpital-Général de Tours, professeur suppléant à l'École préparatoire de médecine et de pharmacie de la même ville, médecin et l'un des fondateurs de la colonie agricole de Mettray, etc. Tours, 1844 ; 8, pp. XII-258, avec deux planches.

En rendant compte, dans ce journal, il y a quelques jours (février 1845), du mémoire de M. le docteur Pamard (d'Avignon), sur l'iritis, je félicitais et remerciais cet auteur de l'heureuse idée qui l'avait porté à réunir dans un seul corps d'ouvrage plusieurs de ses travaux épars, et de les avoir mis de cette façon à la portée d'un plus grand nombre de lecteurs. J'ai aujourd'hui les mêmes félicitations à adresser, les mêmes remercîments à faire à un autre médecin de province, éclairé, consciencieux, sincérement dévoué à sa profession, M. le docteur Morand (de Tours), qui, sous le titre modeste inscrit en tête de cet article, a publié quelques-uns de ses travaux, tous intéressants, et quelques-uns non moins remarquables par la nouveauté et l'ingénuosité des idées qu'ils renferment, que par l'actualité et l'utilité des préceptes qu'ils consacrent. Il en est un qui appartient à la spécialité de ce journal, et ce n'est pas le moins important. Je pense faire chose utile et agréable à ses abonnés en le leur faisant connaître.

Disons, avant d'aller plus loin, que l'ouvrage s'ouvre par une introduction écrite sous l'empire d'un profond sentiment de la dignité de l'art et de la plus douce philanthropie. On y rencontre une pensée que nous adoptons sans réserve, à savoir : que c'est un tort, de la part des médecins qui possèdent des observations profitables à l'humanité, de ne pas les rendre publiques.

Le travail que nous avons en vue a pour objet l'ophthalmie scrofuleuse ou lymphatique. Médecin de la colonie agricole de Mettray, l'auteur a eu l'occasion de l'étudier sur un grand nombre de jeunes colons à l'infirmerie de l'établissement. — Un fait constaté par l'observation journalière, mais qui était resté jusqu'ici sans application au traitement, c'est la coïncidence fréquente de l'inflammation de la pituitaire et de l'inflammation de la conjonctive dans cette espèce de maladie. L'auteur a pour but dans son mémoire, de féconder ce fait au profit de la thérapeutique, d'en faire sortir une indication capitale, et s'attache, à cet effet, à prouver : 1° la généralité de cette coïncidence, et 2° la nécessité de com-

battre la première de ces inflammations pour arriver à la guérison de la seconde. — Un des cachets, selon lui, de la constitution
scrofuleuse, c'est le gonflement souvent eczémateux de la lèvre
supérieure : ce gonflement tient à un engorgement catarrhal qui a
son point de départ dans la muqueuse des fosses nasales. Cette
irritation de la pituitaire s'étend par continuité de tissu aux voies
lacrymales, de là au globe oculaire, et constitue le principal foyer
des ophthalmies chez les scrofuleux.

Voilà pour la théorie. Passons aux déductions thérapeutiques.
— C'est, avons-nous dit, la pituitaire qui est le point de départ de
l'irritation. « Si vous examinez, dit l'auteur, le nez d'un scrofuleux atteint d'ophthalmie, vous verrez la phlogose se montrer
principalement sur les cornets et dans les anfractuosités des fosses
nasales sous forme d'engorgement eczémateux, absolument comme aux paupières. » — Au lieu de porter le traitement topique
sur celles-ci, comme on le fait communément, c'est sur la pituitaire qu'il faut l'appliquer. A cet effet, on cautérise les fosses nasales à l'aide d'un crayon de nitrate d'argent qu'on promène
rapidement sur tous les points gonflés de la pituitaire, tout en
ayant soin d'éviter les cartilages des ailes du nez. Cette opération
doit être faite avec persévérance. L'auteur la pratiquait quelquefois pendant quinze jours, à la colonie de Mettray, en la répétant
jusqu'à deux fois dans les vingt-quatre heures la première semai-
ne. Il considère cette cautérisation comme le moyen curatif par
excellence, et déclare qu'elle s'est montrée infiniment supérieure
à tous les autres moyens employés chez les ophtalmiques scrofuleux de cette colonie. Elle ne met pas à l'abri des récidives ;
mais là ou elles surviennent, elle en vient aussi facilement à
bout que des premières atteintes. C'est d'une médication interne
dont l'iode fait la base, et qu'il faut faire marcher de pair avec le
traitement topique, qu'on peut seul attendre une guérison radicale. — Vérité du premier ordre, et que le praticien ne devrait jamais perdre de vue. — Et effet, quelque opinion qu'il professe sur la
spécificité des maladies, alors même qu'il la rejetterait du cadre
étiologique, encore, en présence de tant de faits qui viendraient lui
donner un démenti incessant, ne pourrait-il nier que les états
pathologiques désignés sous le nom de scrofules, de syphilis,
modifient profondément l'économie vivante et donnent aux diver-
ses formes maladives dont ils viennent se compliquer un carac-
tère particulier. Il serait forcé, d'une autre part, de reconnaître
que la détermination du siège et le groupement des symptômes
d'une maladie sont loin de suffire, dans le plus grand nombre
des cas, pour fonder des indications curatives ; que celles-ci se pui-
sent plus sûrement dans l'appréciation des modifications organi-
ques qui constituent la maladie, appréciation à laquelle on ne
parvient que par l'étude des causes des facteurs qui ont concouru
à la produire. — Je sais bien que la nature de plusieurs de ces
causes, et notamment celle des causes spécifiques, nous est jus-

qu'ici complétement inconnue ; mais leur action est tellement évidente, leurs effets sont si patents, qu'il y aurait plus d'aveuglement encore que de témérité à les nier. — Ce qu'il importe le plus au médecin, c'est la connaissance des moyens propres à les neutraliser. C'est aussi à quoi les thérapeutistes de nos jours s'appliquent avec ardeur et persévérance, et leurs efforts n'ont pas toujours été infructueux, car récemment encore on leur a dû la découverte de la vertu anti-scrofuleuse de l'iode. En partant de ces données, on comprend que je suis loin de partager l'opinion de ceux qui rejettent l'expression d'ophthalmie scrofuleuse ; je pense, au contraire, avec notre auteur, qu'il faut la conserver, parce qu'elle représente clairement un fait complexe, savoir, l'existence d'une phlegmasie oculaire chez un scrofuleux. Cette phlegmasie peut se borner à la conjonctive, envahir la cornée, pénétrer dans l'intérieur du globe oculaire, constituer ainsi une conjonctivite, une kératite, une iritis, etc.; mais cette détermination de son siége anatomique ne peut suffire pour la caractériser complètement ni en indiquer la nature spéciale. Vous avez affaire à une inflammation : c'est vrai ; mais à une inflammation modifiée, altérée par un état particulier, affectant toute l'économie, où elle préexistait à la phlegmasie, et exigeant une médication spéciale, sans laquelle la guérison durable, radicale de la phlogose accidentelle ne pourra s'obtenir. Plus je traite des maladies d'yeux, plus me devient évidente la nécessité de les attaquer presque toujours par des moyens généraux, plus je reste convaincu qu'elles sont souvent produites ou entretenues par une influence dyscrasique qu'il importe avant tout de détruire.

Je reviens à notre livre.

On sait que l'ophthalmie scrofuleuse s'accompagne fréquemment d'ulcérations des glandes de Méïbomius. L'auteur traite celles-ci également par le nitrate d'argent, dont il fait une pommade composée de 5 à 20 centigrammes (1 à 4 grains) de sel pour 2 grammes (un demi-gros) d'axonge et autant d'huile d'amandes douces. Cette pommade peut aussi être appliquée directement sur la pituitaire après quelques cautérisations préalables ; mais il est nécessaire alors de tripler la proportion du sel d'argent. Au crayon de nitrate d'argent l'auteur substitue quelquefois une solution concentrée (au tiers ou au quart) de ce sel, qu'il introduit dans les fosses nasales à l'aide d'un petit morceau d'éponge attaché à l'extrémité d'une baguette.

Le mémoire est terminé par deux observations détaillées.—Le travail dont j'ai cherché à esquisser les points les plus caractéristiques fut adressé par son auteur à l'Académie de médecine de Paris, et renvoyé par cette illustre compagnie à une commission dont M. le professeur Velpeau faisait partie et fut constitué l'organe. Tout en s'exprimant dans son rapport, sur l'ensemble du mémoire, de la manière la plus favorable, puisqu'il conclut à son renvoi au comité de publication et à l'inscription du nom de son auteur sur la liste des candidats aux places de correspondants (conclusions qui furent adoptées), ce savant en attaqua plusieurs points essentiels. C'est ce qui décida M. Morand à rédiger un petit mémoire supplémentaire, dans lequel il reproduisit fidèlement les objections de son adversaire, en les combattant une à une, fournit quelques éclaircissements sur des points incomplets ou mal compris de son premier travail, et chercha à confirmer par de nouveaux raisonnements et une série de vingt et une observations nouvelles, ce qu'il avait avancé touchant la coexistence de l'irritation des foses nasales chez les individus atteints d'ophthalmie scrofuleuse, ainsi que sur l'importance du rôle que cette irritation joue dans la production de la phlegmasie oculaire et du gonflement de la lèvre supérieure. Le rapport et la réponse sont imprimés à la fin du volume. Cette discussion est conduite, de la part de notre auteur, avec une parfaite indépendance d'esprit, une grande force de logique et une irréprochable convenance de style, et après l'avoir lue avec impartialité, il est impossible, je pense, de ne pas reconnaître qu'ici, comme il arrive quelquefois, le bon droit est du côté du modeste praticien de province.

Le volume contient encore un autre article relatif à l'ophthalmologie. L'auteur s'y attache à justifier en quelques mots sa préférence en faveur de la méthode d'opérer une première cataracte dès son entière formation, sans attendre la seconde. — A cette occasion, il rappelle que son travail était imprimé lorsque celui de M. le professeur Bérard sur le même sujet, inséré dans les *Annales d'Oculistique* (vol. **XI**, p. 179) fut reproduit dans le *Journal des Connaissances médico-chirurgicales*, et il s'applaudit, avec raison, de se trouver en conformité aussi parfaite d'idées avec cet éminent professeur.

9 782019 298982